AF358170

REGRETS

SUR LA MORT PRÉMATURÉE

DE S. A. R. MONSEIGNEUR

LE DUC D'ORLÉANS,

PAR

M. N. S. GUILLON, ÉVÊQUE DE MAROC,

AUMONIER DE SA MAJESTÉ LA REINE DES FRANÇAIS.

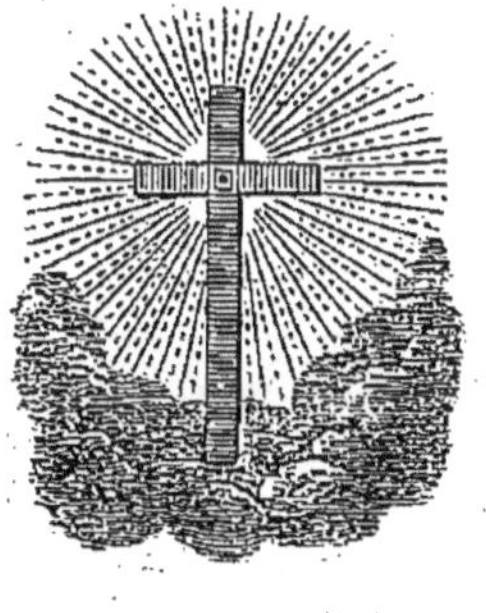

PARIS.

IMPRIMERIE DE JULES DELALAIN,

RUE DES MATHURINS ST-JACQUES, N° 5.

(1842)

REGRETS

SUR LA MORT PRÉMATURÉE

DE S. A. R. MONSEIGNEUR

LE DUC D'ORLÉANS.

*Plangent eum planctu quasi super uni-
genitum, et dolebunt super eum, ut doleri
solet in morte primogeniti.*

On le pleurera comme on pleurerait un fils
unique ; on le pleurera comme on a coutume de
pleurer un fils premier-né.   Zach. xii, 10.

Un de nos saints docteurs, le célèbre solitaire de
Bethléem, apprenant la mort d'un jeune homme du
plus excellent naturel et de la plus heureuse espérance,
expiré à la fleur de son âge, s'était écrié : « Autrefois
« c'étaient les enfants qui venaient faire à la tribune
« l'éloge de leurs pères en présence de leurs dépouilles
« mortelles et faire entendre les lugubres cantiques. Au-
« jourd'hui l'ordre des choses est interverti, et par un
« funeste échange, la nature s'est écartée de son cours
« ordinaire. Le tribut que la jeunesse devait à nos che-
« veux blancs, c'est nous qui le payons à la jeunesse (1). »

(1) S. Jérôme dans notre Biblioth. des Pères, t. xx, p. 247.

Et aussitôt d'abondantes larmes tombent de ses yeux. Ce jeune homme qu'il aimait tant à appeler son fils, dont il avait dirigé les premiers pas dans la carrière de la vie chrétienne : « Il nous a abandonnés, nous sur « le déclin de la vie, en proie aux regrets et plongés « à jamais dans la plus amère affliction ! »

Transporté par la pensée près du lit funèbre où s'est exhalé son dernier soupir, Jérôme voit à l'entour la consternation, l'effroi, la pitié répandus dans tous les cœurs ; une famille désolée confondant ses pleurs et ses prières, abîmée dans le sentiment de la perte qu'elle vient de faire. Il emprunte au prophète ses plus pathétiques accents pour retracer cette scène lamentable : *On le pleurera comme on pleurerait un fils unique, comme on a coutume de pleurer un fils premier-né.* « Plangent eum, etc. » Afin de soulager sa propre douleur, le vieillard cède au besoin de parler de celui qu'il a tant aimé. Parce qu'il ne lui est plus possible de contempler ces traits chéris où la noblesse s'alliait à la douceur, où se peignait si bien une âme ornée de toutes les vertus, il recherche les traces de son passage sur la terre ; il s'empresse d'adresser aux parents de l'infortuné jeune homme l'hymne funèbre échappé de son cœur ; heureux de reproduire sous leurs yeux, sinon un portrait fidèle, du moins une faible esquisse, dût-il aigrir encore leur douleur en s'abandonnant à la sienne. A tous moments ses sanglots interrompent son récit ; son esprit accablé demeure sans force ; un voile épais s'est appesanti sur ses yeux.

Et moi aussi je m'efforcerai de rendre ce pieux de-

voir à la mémoire du prince vraiment accompli que
nous avons perdu. Je viens mêler ma faible voix à ce
concert de louanges qui retentissent autour de son
tombeau. Mais comment, hélas ! envisager ce tombeau ,
sans que tous les souvenirs ne se reportent sur une autre victime , non moins regrettable , enlevée comme
celle-ci dans la première fleur de la jeunesse ? Leurs
cendres réunies dans un même sanctuaire pour ne se
séparer jamais, nous restent seules pour nous rappeler
à jamais la double calamité qui les a ravis à notre ad-
miration et à nos espérances. Où trouver des paroles
pour déplorer des pertes aussi lamentables ? L'excès
de la douleur refuse à mes paupières que l'âge a desséf
chées les pleurs qui en soulageraient l'amertume, et
ne me laisse que des gémissements et des sanglots. Qu'ils
éclatent du moins, et nous tiennent lieu d'éloquence ;
qu'ils se mêlent confusément aux ardentes prières que
dans ce jour de deuil nous adressons au Dieu des miséricordes pour les morts et pour les vivants. Vous en-
tendrez le cri de ma douleur, ô vous l'orgueil et la joie
de ma vieillesse , vous que j'eus l'honneur d'initier
dans la connaissance de nos vérités saintes , enfants
augustes et chers que j'introduisis pour la première fois
à l'autel eucharistique , et qui ne l'avez jamais oublié.
Et vous aussi leurs bien-aimés parents , éprouvés par
la plus cruelle des infortunes pour le cœur d'un père ,
d'une mère, vous ne dédaignerez pas cet humble tribut
que je viens déposer aux pieds d'une tombe chérie.
La religion est l'amie des malheureux ; seule elle a des
consolations pour toutes les infortunes ; et ce n'est

véritablement qu'aux pieds de ses autels que nous pouvons nous plaindre à Dieu de Dieu lui-même, quand il nous frappe.

Il y a peu de jours, il se faisait voir à nous, ce premier-né d'une famille comblée de toutes les prospérités humaines ; fils, époux, père, à qui rien ne restait à désirer sur cette terre, l'héritier du premier trône de l'univers ; prince vraiment digne de ses hautes destinées, l'orgueil de sa royale famille, l'exemple et la gloire de nos armées françaises, l'espérance d'une nation régénérée par le génie du monarque qui la gouverne. Il se montrait à nos regards environné de tout ce qui semble promettre la vie la plus longue et la plus heureuse : la force de la jeunesse, l'éclat de la santé, la vigueur d'une constitution exercée par une éducation mâle, l'habitude du travail et les pénibles exercices des camps. Les exploits du héros avaient préludé à la sagesse du prince fait pour régner sur un grand empire. On ne se lassait pas de contempler ces traits qu'embellissait le charme de l'affabilité et de la bienveillance, ce front toujours serein et riant, ces yeux dont la vivacité était tempérée par la douceur. On se racontait, et ces brillantes campagnes d'Anvers et de l'Algérie, signalées par tant de beaux faits d'armes dignes des temps antiques, où l'on vit les fils du roi des Français retraçant les journées de Jemmapes et de Fleurus, rivaux de gloire, prodigues de leur vie, partager les fatigues et les dangers du soldat, braver avec lui le feu des batteries ennemies, donner par leur exemple les plus nobles

leçons à ceux qui commandent et à ceux qui obéissent ;
et ces courses aventureuses, non moins fécondes en
périls, qui, plus d'une fois, effrayèrent les plus in-
trépides courages ; on se redisait à l'envi ces fêtes do-
mestiques où le bon goût s'assortissait si bien à la ma-
gnificence, sources fécondes pour les arts et l'émulation
de la bienfaisance. On vantait surtout dans MONSEIGNEUR
LE DUC D'ORLÉANS et les vertus publiques et les vertus
privées, la franchise du caractère, l'aménité des mœurs,
le respect pour tous les devoirs ; sa bonté accessible à
toutes les supplications, la popularité qui ne déroge point
à la dignité et qui la rend plus engageante, la modestie
jointe à une instruction si profonde et si variée. Que
de présages assurés en apparence d'une vie dont rien
ne menaçait la durée et la tranquille jouissance ! Nous
félicitions à l'avance notre postérité des fruits que promettait à la patrie et à la religion l'œuvre du père ache-
vée par le fils avec une gloire nouvelle. Tels étaient
les discours qui circulaient dans toutes les bouches au
nom seul de MONSEIGNEUR LE DUC D'ORLÉANS, et qui
s'animaient encore d'un intérêt nouveau toutes les fois
qu'on le savait disposé à s'éloigner de sa royale famille
et de la capitale, pour aller remplir dans quelqu'une
de nos cités les devoirs qu'il s'était imposés. Nulle dé-
fiance, nulles précautions contre des hasards que l'on
ne soupçonnait pas. Point de pressentiments du malheur dont nous étions menacés. Le passé nous garan-
tissait l'avenir ; il nous suffisait d'invoquer dans nos
supplications journalières le Dieu qui protège la France,
le Dieu tout-puissant qui commande à la vie et à la mort,

le Dieu des miséricordes dont la seule providence s'était plue à écarter de ces têtes sacrées des dangers en apparence inévitables, et qui veille à la garde de l'une d'entre elles sur l'élément des tempêtes.

Monseigneur le duc d'Orléans annonce la visite qu'il s'apprête à faire au camp de Saint-Omer. Il veut auparavant prendre congé de chacun des membres de sa royale famille. Il ignore que les adieux qu'il va leur faire seront les derniers. S'il s'en éloigne, c'est avec la confiance de la revoir bientôt ; s'il s'est arraché des bras d'un père, d'une mère, c'est pour se retrouver sous peu de jours dans ceux d'une tendre épouse qui compte douloureusement les heures d'une absence dont elle est si loin de prévoir le triste dénouement. En se séparant de ses fils, de ses frères, il va se réunir à d'autres enfants, à d'autres frères d'armes accoutumés à chérir dans sa personne la vivante image du père commun de la patrie. Séchez, séchez vos pleurs, ô mère, ô reine incomparable ! ou plutôt réservez-les à la nouvelle affliction qui vous attend ; et cherchez à l'avance au pied de la croix de Jésus-Christ le modèle que vous aurez désormais à imiter. Percée comme Marie du glaive des douleurs, vous aurez comme elle à donner au monde le spectacle de la plus héroïque résignation. Vous cependant, heureux habitants de Saint-Omer et de Châlons, apprêtez-vous à recevoir le prince chéri qui se dirige vers votre cité ; dressez vos arcs de triomphe ; officiers et soldats, accourez tous à sa rencontre. Demain il sera sous vos tentes ; demain commenceront ces savantes évolutions qui préparent les victoires ; demain votre digne commandant, le prince royal, transmettra à son auguste père les détails d'un voyage heureux, de l'accueil reçu dans vos murs, et des nouveaux témoignages de votre dévouement à la dynastie que vous avez juré de défendre.

Il était écrit au livre des impénétrables décrets du Très-Haut qu'il n'y aurait plus pour le prince de lendemain. Qu'est-ce donc, ô mon Dieu, que la vie? Qu'est-ce que la santé, la jeunesse, la force du tempérament, la souplesse et l'agilité des membres? Et quelle puissance est capable d'arracher l'homme à votre redoutable main, quand vous avez arrêté le terme de ses jours? O vanité! ô néant! ô mortels ignorants de leurs destinées! nous écrierons-nous avec le grand orateur qui fit couler tant de larmes sur le linceul de Madame la Duchesse d'Orléans. Nous le savons tous, et nous l'oublions si vite! C'est pour nous réveiller de notre assoupissement que le ciel nous envoie de si terribles leçons. N'était-ce donc pas assez de l'illustre et jeune victime naguère enlevée à notre amour? Fallait-il que la mort du frère vînt rouvrir une blessure que le temps n'avait pas encore fermée? Conseil de rigueur pour nous, mais aussi conseil de miséricorde pour la princesse Marie. Elle était mûre pour la récompense. Sa vie fut courte, mais complette. Courte aux yeux des hommes, mais pleine aux yeux du Seigneur. Le ciel, en la dérobant aux séductions de la vie et de la gloire humaine, l'enlevait à un monde qui n'en était pas digne. Il voulut qu'elle n'attendît pas plus longtemps dans la terre de l'exil sa

part d'immortelles béatitudes que tant de bonnes œuvres
lui avaient méritées. Ainsi de la mort du jeune prince,
entré avant le temps *dans la maison de son éternité*,
comme parle l'Écriture. Il y est entré sous l'escorte de
la religion, muni de l'onction sainte mêlée au sang pu-
rificateur qui lave les péchés du monde. La grâce et
les mérites infinis du Dieu sauveur ont suppléé à ce qui
lui manquait et qu'il n'a pu obtenir. Ce ne sont pas les
morts qu'il faut plaindre, mais ceux qui leur survivent.
Ah ! puisque nous étions condamnés à le perdre, et
que le ciel en avait ainsi ordonné, remercions-le du
moins de l'avoir affranchi des angoisses du dernier
moment ; et sachons profiter du salutaire avertissement
que nous donne cette nouvelle expérience, en nous
écriant avec l'Écriture : « Grand Dieu ! vous n'aviez
« placé si haut nos espérances que pour les briser
« par une chute plus précipitée, et nous faire sen-
« tir enfin par le coup le plus violent combien tout
« ici-bas est vanité ! *Vanitas vanitatum et omnia va-*
« *nitas* (1). »

Quelle était notre sécurité ! comme nous reposions
délicieusement à l'ombre de notre bonheur présent et
de nos futures espérances, lorsque tout à coup ce cri
déchirant est venu frapper nos oreilles : Monseigneur
le duc d'Orléans est mort ! Et pareille à la foudre qui
perce la nue et éclate avec fracas, la nouvelle, portée
dans l'habitation de la royale famille, a retenti par toute
la capitale, qu'elle a remplie en un moment de deuil

(1) Job, xxx, 22 ; Ecclés., 1, 2.

et de consternation. Les fêtes et les plaisirs, toutes les distractions du siècle, sont suspendues. On reste saisi, muet, immobile. Avant même d'avoir la confirmation de la catastrophe, tous les cœurs sont comprimés par les plus vives émotions et les plus sinistres pressentiments. Paris n'est plus tout entier qu'une famille tremblante sur le sort d'un fils premier-né, jamais plus cher qu'au moment où l'on craint de le perdre. On se refuse de croire à la réalité. — Peut-être on s'exagère son malheur ; peut-être le prince n'est que blessé ; et l'art a des ressources fécondes en miracles. Dieu tout-puissant, près de qui toute la science des hommes est vaine, commandez à la mort de suspendre sa faulx meurtrière. Vous de qui la simple parole rappela Lazare du tombeau, et rendit le fils de la veuve de Naïm à sa mère suppliante, exaucez les vœux de tout un peuple ; voyez les larmes d'un père, d'une mère, dont la fidélité à votre service vous est si bien connue. Vœux superflus ! Monseigneur le duc d'Orléans est mort. Le monde tout entier s'est évanoui pour lui ; et, entre les jouissances accumulées de la vie et les horreurs du trépas, il n'y a eu d'intervalle que le dernier soupir. Mort tout vivant ! sans avoir pu proférer une parole ! On accourt, on se précipite vers le théâtre du funeste événement : il n'était plus. On s'interroge sur les causes qui l'ont provoqué ; personne qui puisse l'apprendre. Tout ce que l'on sait, c'est qu'il est mort. Mort à quelque distance de la royale résidence qu'un moment auparavant l'aimable prince embellissait encore de sa présence. Elle s'est changée soudain en une triste solitude. Et le père, et la mère, et la tante, les frères, la sœur de l'infortuné prince, tous se sont élancés à la fois vers la couche funèbre où fut déposé le corps expirant. Où courez-vous, famille malheureuse ! n'est-ce pas assez de boire le calice, sans en épuiser la lie ? Quel spectacle affreux ! quelle scène déchirante ! Une tête ensanglantée, ces pieds, ces mains enchaînés, immobiles, pour ne se ranimer qu'au jour de la résurrection générale ; ce front pâle, ces yeux éteints, ces membres mutilés, engourdis par le froid de la mort ! Non, le prophète de qui les accents lamentables égalèrent les plus extrêmes calamités, n'entreprendrait pas d'exprimer la tribulation, qui, comme une mer en furie, accable de tout son poids ces cœurs si sensibles, si aimants, et semble leur dérober le sentiment et la vie : *Magna est sicut mare contritio tua.* Debout, immobile près du lit de mort, l'auguste père de la victime contemple dans un morne silence les progrès de la mortalité ; on dirait que c'est lui qui a été frappé ; tandis que l'infortunée mère, prosternée, gisante à ses pieds, mêle ses larmes au sang qui s'échappe de la blessure. Un moment elle a cru réchauffer par ses embrassements le corps inanimé de ce fils qu'elle a tant chéri. Espoir trompeur ! stériles embrassements, qui lui font sentir de plus près ce corps glacé qui se roidit, et ce dernier souffle qui s'exhale ! « Mère désolée ! elle serrait étroite-« ment ses bras entrelacés, et déjà elle avait perdu celui « qu'elle tenait encore. » Dans un seul trépas se rassemble tout ce que les autres peuvent renfermer d'afflictions ; et, pour appliquer ici le mot d'un ancien : Tous croient assister à leurs propres funérailles : *sua omnes funera dolent.* (1) Que s'il fallait une victime à la rigueur du ciel, des milliers de Français s'offraient à sa place. Famille inconsolable ! quels lieux habitera-t-elle désormais où ne se rencontre le spectre de la mort siégeant sur le seuil ? Comment revoir ces palais magnifiques dont Monseigneur le duc d'Orléans faisait l'un des plus beaux ornements ; ces royales demeures où l'héritier du trône apprenait des leçons et des exemples de son auguste père le grand art de régner et de rendre à son tour heureux les peuples que la Providence lui destinait ? Encore, quels nouveaux chocs leur prépare le retour de cette tendre épouse, à qui il n'a pas été donné de fermer sa paupière ; de ses jeunes enfants redemandant leur père ; d'une sœur à qui les charmes d'une couronne n'ont pu faire oublier un instant les délices du toit paternel ; de ces frères, qui, de près ou de loin, mettaient leur étude à lui ressembler !

Si pourtant quelque consolation peut adoucir le regret d'une perte aussi amère, c'est de penser combien elle a été profondément sentie. La France entière s'est associée au deuil de la royale famille : les villes et les campagnes, les provinces les plus reculées, se sont émues. Ministres des autels, citoyens de tout rang et de tout âge, ont fait retentir leurs gémissements et leurs prières. Les guerriers les plus endurcis par le spectacle journalier de la mort qu'ils bravent sur les champs de bataille, n'ont pas attendu que les ordres de l'autorité

____

(1) S. Ambroise, *in obitu fratris.*

commandassent leurs regrets. Ainsi qu'autrefois Germanicus, Monseigneur le duc d'Orléans est pleuré des nations étrangères qu'il visita, soit en vainqueur, soit en ami. Et avant que la voix de nos orateurs sacrés ou profanes n'ait payé à la cendre de l'illustre mort le tribut d'éloges que la patrie et la religion réclament en son honneur, déjà la plus éloquente oraison funèbre a été décernée à sa mémoire par la douleur universelle.

Mais quel surcroît de consolations plus douces et plus solides encore ne nous donne pas l'espérance qui se fonde sur l'infinie miséricorde du Dieu qui nous a lui-même ordonné de l'appeler notre Père?

En donnant de si justes larmes à ce que nous avons perdu, pourrions-nous oublier aussi ce qui nous reste? Et n'y aurait-il pas de notre part une réelle ingratitude envers la divine Providence, si nous nous abandonnions à l'excès d'une incurable affliction! Grâces à son infinie bonté, il nous reste un monarque capable seul de réparer nos pertes. Il lui reste à lui-même d'autres fils non moins dignes de lui, qui croissent autour du trône, rejetons multipliés d'une tige florissante. Bienfaisant espoir! Auguste enfant, qui déjà nous rendez Monseigneur le duc d'Orléans, vous réaliserez ce qu'un nom si cher promettait à la France; vous ressemblerez à votre père par ses vertus, par son amour pour son pays, comme vous lui ressemblez par les grâces.

Français, calmons nos inquiétudes d'avenir. Dieu protége la France. Chrétiens! modérons les transports de l'affliction où nous a jetés une aussi dure séparation. Cette séparation est bornée aux limites étroites du

temps. Elle aura son terme dans les jours de l'éternité.
Précieux et vivifiant remède à opposer à toutes les
souffrances de la terre, que la pensée de l'immortalité!
comme s'exprimait un de nos plus vénérables pontifes
en présence d'une tombe chérie : *Pulchrum immorta-
litatis medicamentum* (1). Sublime prérogative de notre
foi chrétienne! En même temps que d'une main elle
déploie par-dessus nos têtes le drapeau de la mort pour
nous avertir du vide de nos affections humaines, de
l'autre main aussi elle étale à nos regards l'étendard
de la résurrection par lequel Jésus-Christ lui-même a
triomphé de la mort pour racheter les péchés des
hommes et nous ouvrir les portes de la cité céleste. Des
ruines de ce corps abattu, dégradé par la mort, s'est
donc échappée une âme immortelle. Notre prince n'est
donc pas mort, il n'est que séparé de nous pour un
voyage où bientôt nous irons le rejoindre. Consolez-
vous, ô mère! ô épouse! ô sœurs noyées dans vos
larmes! non, votre fils, votre époux, votre frère n'est
pas mort. « Le tombeau n'est que le lit nuptial qui l'a en-
« fanté à la véritable vie(2). » Le sépulcre n'a pas anéanti
dans le souvenir des hommes, bien moins encore dans
le souvenir de Dieu, les vertus que nous avons admi-
rées, et dont la source est dans le Dieu principe unique
de tout bien et de toute vertu. Celui de qui la bouche
sacrée nous promet un royaume immortel, en échange
d'un verre d'eau donné en son nom, le grand Dieu qui

(1) S. Ambroise , *supra*.
(2) *Ibidem.*

connaît bien assurément le limon dont il nous a pétris,
ne dédaignera pas le fils respectueux et soumis, le frère
affectueux et dévoué, l'époux fidèle, l'ami sûr et dé-
licat, le bienfaiteur des pauvres, le chrétien qui aimait
à se rappeler en notre présence, et toujours avec la
plus vive émotion, ses engagements sacrés du jour de
sa première communion, qui ne sut jamais rougir de
Jésus-Christ, témoin ce jour mémorable où le premier
corps de l'État l'entendit repousser une injuste préven-
tion, et proclamer avec une éloquente énergie combien
il se félicitait d'être enfant de notre Église catholique.
Que si la piété conserve encore des alarmes fondées sur
la justice sévère du Dieu trois fois saint : pleins de confiance dans la miséricorde infinie du Dieu sauveur,
croyons bien aussi qu'elle n'est pas insensible à tant de
gémissements qui l'implorent, aux supplications de
toutes les églises de ce royaume, aux larmes d'une
mère, d'une famille selon le cœur de Dieu, prosternée
aux pieds de ses autels. Ne cessons pas de lui demander
qu'il veuille bien accueillir favorablement les sacrifices
et les expiations que nous lui offrons pour le repos de
l'âme de Monseigneur le duc d'Orléans : et, séparés
de lui durant le voyage plus ou moins long de cette vie,
méritons d'être réunis tous ensemble avec lui dans les
tabernacles éternels. *Ainsi soit-il.*

9 782329 170657